다음엔 부처꽃

리토피아포에지·167
다음엔 부처꽃

인쇄 2025. 8. 25 발행 2025. 8. 30
지은이 최서연 펴낸이 정기옥
펴낸곳 리토피아
출판등록 2006. 6. 15. 제2006-12호
주소 21315 인천광역시 부평구 평천로255번길 13, 부평테크노파크M2 903호
전화 032-883-5356 전송032-891-5356
홈페이지 www.litopia21.com 전자우편 litopia999@naver.com

ISBN-978-89-6412-208-2 03810

값 12,000원

* 이 책은 전라남도 와 문화재단 의 후원을 받아 발간하였습니다.
* 이 책의 판권은 지은이와 리토피아에 있습니다.
* 잘못 만들어진 책은 바꿔 드립니다.

최서연 시집

다음엔 부처꽃

시인의 말

어느 시인은 꽃의 이름을 불러주니
꽃이 내게로 왔다고 말한다.

한철, 분홍을 피우는 풀꽃의 이름을 불러주니
그의 이름으로 나는 분홍꽃으로 핀다.

이름을 부르면 나는 그의 속으로 들어가고
그는 나에게로 들어온다.

나는 이름을 불러주는 둥근 사람이 되고 싶다.

2025 여름에
최서연

차례

제1부

농아학교	*15*
꽃 보며, 꽃처럼 살던	*16*
소주 한잔	*18*
내 고향·*1*	*19*
걸레	*20*
기억의 뒤편	*21*
메테오라	*22*
민들레	*23*
겨울일기·*1*	*24*
겨울일기·*2*	*25*
달력·*2*	*26*
동전	*27*
똥잔치	*28*
동창회 장부	*29*
똥물꽃	*30*
나와 망고	*31*

제2부

20년 된 차	35
이 남자	36
집 앞, 목련 한 그루	37
노시인이 생김을 보내왔다	38
별일 아니다·1	39
풍경·1—5층과 3층	40
죽비소리·1	41
냉장고	42
옆구리	43
여행·2	44
별일 아니다·2	45
사진 찍자 했더니	46
호박똥	47
거울—이상의 거울에게	48
겨울일기·3	49
겨울일기·4	50

제3부

길	53
달을 잃다	54
숟가락·1	55
밥을 먹다가	56
죽비소리·2	57
똥개와 똥막대기	58
맑은 안개는 꽃잎으로 쌓이고 −일력日曆을 생각하며	59
커피가 그린 목련	60
망고·1	61
삼겹살	62
신록·2	63
그래도	64
봄바람이 불어서	65
벚꽃 둑방길	66
어린아이·1	67
어린아이·2	68

제4부

무지개는 반원이란다 71
질문·1 72
질문·2 73
전업주부 74
지나온 것처럼 75
나는 향이 나지 않으니까 76
밤 두 톨과 곶감 하나 77
날씨 알림이, 자귀나무 78
찔레꽃 79
순가락·2 80
신 이솝우화 81
베고니아, 그 붉은 이야기 82
망고·2 84
극隙 85
평생을 앓고 싶은 병 86
가방은 모두의 방이다 87

해설 장인수 교감交感의 미학 89
  —최서연의 시세계

| 제1부 |

농아학교

봉사활동 차 농아학교에 들르는 날 비가 내립니다.
대화 중에도 창밖으로 동글동글 동그랗게 내립니다.

한 아이가 도화지에 줄기차게 동그라미를 그립니다.
동그라미 속에 엄마 강아지 나무 풀꽃들이 있습니다.

이름 부를 수 있는 것들이 가득 담긴 동그라미입니다.
어떤 이름도 밖으로 튀어나오지 못하는 동그라미입니다.

입을 닮은 동그라미이고 말 같이 생긴 동그라미입니다.
동그라미마다 따스한 빗방울 촉촉하게 머금고 있습니다.

꽃 보며, 꽃처럼 살던*

작약꽃이 피었습니다.
아버지의 얼굴이 보입니다.

감자꽃이 피었습니다.
어머니의 얼굴이 보입니다.

봉숭아가 피었습니다.
언니의 얼굴이 보입니다.

은방울꽃이 피었습니다.
강아지와 고양이 얼굴이 딸랑딸랑 보입니다.

채송화가 피었습니다.
작고 동그란 내 얼굴도 보입니다.

꽃 보며
꽃처럼 살던.

내 고향입니다.

* 꽃 보며 꽃처럼 살자던 : 동요 〈꽃밭에서〉 인용함.

소주 한잔

보리내음 나는 그녀
바늘땀처럼 아껴 써도 마이너스란다
좌판 레이스 속옷 한번 못 사 입고
제철 앵두 입에 문 적 없는데 하며,
손등으로 눈물을 찍는다.
삼십 촉 전구로 앉아있는 나는
모래알 같은 말 대신
씁쌀하고 독해지라고
천 원짜리 소주 한잔 내민다.

내 고향 · 1

 앞마당엔 곡식 가마니를 시루떡처럼 쌓아놓은 곡간과 쪼그려 앉은 앵두나무 옆에는 내 키만 한 벼가 자란다. 논둑을 밟고 시내에 나가신 아버지는 지푸라기 새끼줄에 눈을 꽉 채우고도 남을 어마어마한 생선을 들고 오신다. 펄럭이는 두루마기는 마을을 수호하는 방패연이다. 어머니는 밭일은 나가지 않으시지만 햇살 조잘거리는 텃밭에서 상추며 아욱이며 쑥갓을 기르시며 가끔 뜯어놓은 채소를 씻어오라고 하신다. 빗질하는 물길 따라 초록물이 나오도록 씻어서 가져오면, 어머니는 바깥마당에서 옥수수, 콩, 팥을 말질하고 계신다. 멍석에 붙어있는 것들은 손톱으로 긁어 되에 넣고 한 마리 새처럼 수평질을 하신다. "형님 말질은 속이 후련해요?" 하면 어른들의 말에 고개를 갸우뚱하면서 왠지 별 하나 밟은 듯 내 발걸음도 반짝거린다. 담 넘어 온 오얏 하나 따먹지 못했던 이름도 먼- 지금쯤 오얏나무 다담다담 메롱메롱하겠다.

걸레

이상한 벌레다.
먼지든 밥풀이든 입에 닿는 것이면 먹는다.
짠맛, 단맛, 맛은 알고나 먹는지
먹고 나면 죄지은 것처럼 웅크려있다.
퀴퀴한 잠내로 흘금거리지만
외줄을 타며 햇살과 바람을 먹는 벌레다.

기억의 뒤편

옛이야기 같은 앨범을 꺼내 멈추어버린 시계추를 흔드는데 30여 년 전 사진이 벌떡 일어난다. 처음으로 부부끼리 여행을 간 태국 황금사원 앞에서 찍은 것이다. 오른쪽에서 왼쪽으로 짚어가며 이름 뒤에 아저씨를 붙이다 보니 뇌졸중이 두 분이고 고인이 된 사람이 두 분이다. 그런데 맨 왼쪽 고개를 살짝 돌린 아저씨가 기억이 나지 않는다. 다시 오른쪽으로 가서 손가락으로 꾹꾹 눌러가며 이름을 불러본다. 북어 같은 볼때기에 헛바람을 불어넣고 무당의 방울처럼 머리를 흔들다가, 여보! 이 아저씨 누구야? 하는데 남편의 눈동자가 굳는다. 화들짝 나의 입도 박제가 된다. 아내인 내가 몰라볼 만큼 변한 자작나무 같은 남편을 보며 어제는 귀가 멀더니 오늘은 눈앞에서 날것이 떠도네. 너스레를 떤다. 눈 비비는 말들이 별무늬 천장을 맴돌다 가랑잎으로 오그라든다.

메테오라*

공중에 떠 있어
하늘의 기둥이라 불리는 메테오라
제우스가 천계에서 던진 암석이라는
해발 5백여 미터 남짓 솟아오른 바위기둥에
수도원이 벼랑으로 붙어있다.
도르레나 두레박으로 오른 곳
손금처럼 좁고 구부러진 성벽을 따라
돌계단을 밟다 보니
돋음질하는 발소리는 점점 작아지고
내 몸은 보이지 않는다.
어느 우주인이 달 표면에 첫발을 내디딜 때
신기루 같은 소리가 발을 감쌌다는 말이
마음을 밟고 오는 건,
이 순간, 신의 손바닥을 걷고 있다는 걸까?

* 메테오라 : 그리스 테살리아 지방에 있는 수도원 집단 또는 그것이 위치한 지역.

민들레

 아파트 단지에 민들레가 등처럼 핍니다. 밤이면 아파트 칸칸마다 노랗게 밝힙니다. 봄날이 꼬리를 보이면서 꽃이 진 자리마다, 우주의 어느 모퉁이를 밝히려는지 하얀 깃털이 다시 돋습니다. 한눈에 반한 사이지만, 인연 따르는 우리는 발걸음마저 침으로 삼킵니다. 그런 어젯밤 민들레와 별빛 하늘을 날아오르는 꿈을 꿉니다. 뭇 새들의 질투였을까요? 예초기 지나간 자리. 새 울음 하얗게 무겁습니다.

겨울일기 · 1

아침에 바라본 오리 떼 저녁에도 수면에 떠 있네.
반려견 데리고 무심히 둑방길 걸으며 바라보네.

앞서가며 꽃발자국 찍는 반려견이 되돌아보네
세월이 쪼그라든 번데기 발을 끄덕끄덕 핥아주네.

벤치에 앉아 식은 커피 한 잔 홀짝거리며 바라보네.
물결이 반짝반짝 어느새 오리새끼들 함께 물질하네.

겨울일기 · 2

나무들 사이 행간이 팽팽히 늘어나 있네.
나무는 행간 행간마다 바람을 나누어 주네.

끔벅끔벅 꽃 같은 눈송이도 나누어 주고,
앉았다가 날아가는 새똥은 공손히 받아두네.

가끔은, 수척한 햇살을 품고 가늘게 떨고 있네.
봄날의 잎사귀는 모양이 어떨지 궁금해지네.

달력 · 2

아침에도 바라보고 저녁에도 바라본다.
햇살이 좋다고 보고 비가 온다고 본다.
돌려도 보고 뒤집어도 보고 거꾸로도 본다.

어제도 보았으니 오늘도 보고 내일도 보게 될 것이다.
아무리 줄이 길어도 눈 깜빡할 사이에 가고 말 것이다.

동전

꽉 찬 돼지 저금통을 열어 세어본다.
세어보다가 흔한 숫자에 눈이 꽂힌다.

1970, 1980, 1990, 2000, 2010, 2020,
얼굴은 같아도 숫자는 저마다 다르다.

몇 세대가 공존하면서도 잘 모여 산다.
아무나 만나도 마찰음 없이 잘 굴러다닌다.

똥잔치

반려견이 풀에 똥을 눈다.
풀은 너울너울 풀잎을 넓혀가며 똥을 받는다.
멀리서 지켜보던 바람이 킁킁하더니 냄새를 퍼 나른다.
햇살은 더 익혀야 구수하고 바싹하다며 쭈그리고 앉는다.
돌 틈 민들레는 고개를 비스듬히 얹어놓고 시치미를 뗀다.
파리는 고명처럼 떡 하니 앉아 잔칫상을 벌인다.
 개미들은 구경나온 독수리팔랑나비, 보라금풍뎅이, 무당벌레를 맞느라 땀투성이다.
 햇살이 흩어질 즈음 남사당 하루살이 떼 상모 돌리며 개똥벌레를 불러온다.

동창회 장부

　40년이 넘는 장부를 남편이 넌지시 편다. 녹슨 시계를 풀고 몽당연필을 눌러쓰는 자세다.

　이혼했다고, 나이 오십에 아들 낳았다고, 홀인원 하였다고, 누구는 몇 번을 타 먹고, 누구는 감도 안 되는 별의별 것을 타 먹었다고, 하얀 튀밥을 펑펑 튀긴다.

　드디어 무슨 로또라도 맞았는지 희야! 아버지 금방개업이라고, 어어어 당신 첫시집 발간기념이라며, 나도 별거 아닌 별의별 것을 받았다며, 뜨거운 말꼬리를 허겁지겁 잘라 먹는다.

　내 머리 빠지는 줄 모르고 친구 흰머리 숫자놀이 했다며 쩝쩝 하늘을 본다. 검지손가락 닮은 구름이 하나둘 생겼다가 사라진다며 딸국, 딸꾹, 딸국질 한다

똥물꽃

 택시에 치여 병원에 입원했다. 관장약을 넣고 이십 분 기다리라고 했는데, 엄마 손바닥에 치자꽃이 피었다. 시어머니에게 관장약을 넣는데 엉덩이 사이에서 푸지지 애기똥풀이 멀겋게 피었다. 난 학교 다닐 때 화장실만 청소했어. 화장실 청소 잘한다고. 똥물을 만지는 내 아이의 말에서 별꽃이 노랗게 터졌다. 배에 열이 있는 이웃은 침대에 누워 개나리꽃을 흐드러지게 피웠다. 결혼을 며칠 앞두고 전신마비 된 친구는 치자꽃 애기똥풀 노랑별꽃 개나리를 애인 삼아 오늘도 호박꽃을 흐벅지게 피운다. 똥물을 피우며 숨 쉬고 있다. 똥물꽃을 피우며 소통하고 있다. 똥물을 뒤집어쓴다. 터지는 땀구멍이 짜릿하다. 똥물 똥물 똥물 똥물꽃이 피었다. 똥물 똥물 똥물이라고 함부로 말하지 않겠다.

나와 망고*

 20살 먹은 망고가 치매가 왔다. 돌면 돌수록 침침한 고요를 빙글빙글 돈다. 어둑한 달무리 같은 고요를 들여다보니 내 부모 내 남편 내 자식보다 더 함께 밥을 먹고, 더 눈을 마주치고, 더 많은 말을 하고, 더 많이 품었다.
 이해라는 또 다른 이름으로 망고와 나는 어떠한 간격이 없다. '우리'라는 통속적인 갈변의 물컹거림이라든가 그 밥에 그 나물이란 그 흔한 지루함도 없다.
 나를 담고 있는 망고의 눈은 응, 이고 망고를 담고 있는 나의 눈도 응, 이다. 하늘과 땅이 맞닿은 응, 을 한 호흡으로 들이쉬고 내쉬며 느리게 자라는 참말, 행복이란 말도 처음으로 했다.
 망고는 나의 배꼽을 나보다 더 잘 알고 있다. 달무리를 돌고 도는 고요의 중심이 천지 분간 똥밭이든, 복숭아꽃 피는 도원이든, 내게로 온 민들레길을 나도 하얀 회문시詩 빙글빙글 굴리며 온전히 간다.
 달 속 같은 내 자궁은 응을 품은 망고를 잉태한다. 시詩가 된 망고가 응응응 짓는다.

---

* 망고 : 반려견 이름.

| 제2부 |

20년 된 차

　20년 된 차를 운전하는 남편. 이삼 년 후엔 면허증을 반납한다고 한다. 주변에서 배꼽을 이고 사느냐며 바꾸라고 하지만 기후환경에 도움이 된다는 해설가로 귓등만 간지럽다. 그런 여름날 천장 시트가 물컹하니 내려앉았다. 운전하는데 물렁물렁한 손이 내려와 머리에 소름 돋는다며 더듬더듬 정보지를 찾는다. 수리하는데 몇십만 원이라고 하니 서랍을 들락날락하며 압정을 찾다 문구점이 어디 있느냐고 묻는다. 이삼 개월이면 몰라도 이삼 년 탈 거면 수리하라고 목울대 울럭이지만 그 비음 사이로 180도 바뀌면 끝이라는 냄새 하나가 스멀 올라왔다 사라진다. 늘 알량함을 꺾지 않아서 손해를 보았듯 이참엔 떨어진 압정이 엉덩이에 꽂혀 봐야 늦게나마 자린 고집인 줄 알 것 같다. 뒤통수 보며 걸쭉한 날숨으로 양 볼 터지고 있다.

이 남자

피가 무서운 이 남자, 피가 무서워서 피만 생각하는 이 남자, 피라면 벌벌 떠는 이 남자, 피에 의한 피에 대한 피를 위해 맛을 포기한 이 남자, 근육이 무서운 이 남자, 근육이 무서워 근육만 생각하는 이 남자, 근육이라면 벌벌 떠는 이 남자, 근육에 의한 근육에 대한 근육을 위해 아령에 거꾸로 매달린 이 남자, 약품 냄새가 전혀 나지 않는 이 남자, 밥맛이 없다고 해본 적이 없는 이 남자, 한 숟가락을 꼭 남기는 이 남자, 눈금 저울에 두부 내리고 달걀 올리며 훼를 치는 이 남자, 이렇게 붙이고 저렇게 붙여도 이름이 새가슴인 이 남자, 세계 테마기행을 보며 나이가가라폭포 이과수폭포 빅토리아폭포를 기어오르는 이 남자, 건강염려증으로 피와 근육이 백지장처럼 붙어있다.

집 앞, 목련 한 그루

무명실 한 올이 꼿꼿이 서 있는 줄 알았다.

햇볕 한 숟가락 먹지 못하고, 느리게 가는 시계바늘도 빨리 돌리지 못하고 있다.

재채기라도 하면 감기 걸릴까? 입을 가리고 흘깃, 흘깃거렸다. 두 눈이 한쪽으로 붙을 즈음.

새가 품고 갔을까? 새 발 닮은 가지가 낯가림을 한다. 뭇 것들이 희끗희끗하고 여인이 옷 벗는가 싶더니,

세 송이, 네 송이, 올해는 다산한 열세 송이 핀다. 우리 엄마 무명치마처럼 천지를 품고 있다.

노시인이 생김을 보내왔다

 노시인이 생김을 보내왔다. 까만 참깨글씨로 생김에 대한 이야기와 먹는 방법까지 챙겨 보내왔다. 하루에 한 장 더 먹으려면 김국을 끓여서 먹으라 한다. 김국은 조선간장에 끓여야 제맛이 난다는 문장에서 잠시 숨을 고른다. 간장을 담가야겠다. 아니다 메주부터 쒀야지. 아니, 천일염을 사다 간수부터 빼야지. 명주 실타래 푸는 듯한 간장 담그기는 꿈이 되었다. 엄마 음식은 짭조름하니 개미지다고 아버지는 늘 말씀하셨다. 나는 엄마를 만나기 위해 누에잠을 잔다. 엄마는 좀처럼 나타나지 않으셨다. 불긋불긋 맨드라미, 봉숭아, 채송화 끼고 햇살, 바람, 별, 달이 쉬어가는 장독대만 옹기종기 보였다. 내가 살아온 맛으로 담그라는 것 같다. 다시 꿈을 꾼다. 삼년 후, 김국을 끓여 노시인에게 한 대접 올려야겠다.

별일 아니다 · 1

지난겨울 마른 나뭇가지를 굴참나무 밑에 거꾸로 심던 할아버지는 보이지 않는다. 털모자 쓰고 벚꽃길 오가던 아주머니는 봉숭아 무덤이 되었다.

보이지 않는 사이로 봉숭아 무덤 사이로 도토리는 떨어지고 봉숭아는 피고 졌다.

별일 아니다. 기웃거리고 간섭하면 별일이었다. 남편의 아침상 올리고 도토리 몇 알 주머니에 넣고 거뭇거뭇한 봉숭아는 여여하게 뽑는다.

잠시 쉬어가라고 낙엽 속 민들레 노랗다.

풍경 · 1
—5층과 3층

순천시 조례동 이수로 321에 7층 병원건물이 있다.
바둑판이 물결처럼 굽이쳐 보이는 5층 안과를 간다.
몇몇은 TV를 보거나 번호 전광판에 눈을 걸어놓고 있다.
눈알에 주사를 맞고 엉거주춤 내려오다가 궁금해진다.
손톱까지 밀려온 물결아 또 3층 피부과로 들어간다.
윤기 흐르는 열서너 명이 앉아 핸드폰에 얼굴을 묻고 있다.
모호하게 두고 보자는 머리 열두 개 달린 처방전을 받아든다.
지금은 두 개의 풍경을 지나지만 더이상은 안 만났으면 싶다.
어쭙잖은 잇몸을 질근 동여맨다.

죽비소리 · 1

탁, 탁, 탁,

눈이 빨간 사과를 보네.
망설임 없이 손이 따네.
손맛에 침을 흘리던 입이 홀랑 먹네.
간이 달작지근할 즈음 쓰나미 같은 장이 꿈틀하더니,
똥이 되어 거름이 되네.
이것이라고, 뭐라고 할 것이 없네.

탁, 탁, 탁,

냉장고

백악기 공룡보다 더 많이 먹는 포식자이다. 먹기 위해 헉헉 달리며 사냥하지 않는 잡식성 동물이다. 입을 열면 찬 입김을 뿜는다. 사람들은 그 입에 머리를 집어넣고 팔을 뻗어 손으로 휘젓고 헤집어 놓아도 물지 않는다. 입과 배는 한통속으로 되새김질을 하고 항문이 없어 똥은 누지 않는다. 먹어도 배고프고 먹지 않아도 배고프지 않다. 가끔은 살아있는가 귀 기울이면 웅웅하고 한밤중엔 서릿발 체온을 깜박이며 어둠을 핥아먹는다. 무리 짓는 법이 없이 늘 혼자이지만 쫓고 쫓기며 구걸하거나 외로워하지 않는다. 사람들은 위로를 해준다며 행주나 소독제로 입안 구석구석을 닦아준다. 너 없이는 단 하루도 살 수 없다며 손바닥으로 쓰다듬고 어루만지지만 사랑한다거나 좋아한다는 말은 하지 않는다. 시도 때도 없이 입을 열어 배를 갈라 프로메테우스 간을 먹듯 내장을 파먹을 뿐이다. 아무도 생각하지 않는다. 동그란 입이 사각의 입을 가진 너보다 더 껄떡거리는 포식자, 괴물이라는 것을.

옆구리

 굴 한 상자를 사 왔다. 얇고 말랑말랑한 노란 체온을 하나둘 꺼내 먹는데, 한쪽 모퉁이에서 물컹한 촉감이 쓱 닿는다. 흠칫 보니 그 옆구리 것은 곰팡이까지 뒤집어쓰고 헤벌쭉 물러있다. 물러진 살을 만지니 옆구리로 흘러간 뭇 감정들이 물렁물렁 만져진다. 어린 시절이 지나고, 사춘기가 지나고, 사이사이 물러진 인연들이 물렁물렁 지나간다. 물렁물렁해지는 옆구리를 베어낼 수 없어 돌멩이가 되고 싶은 적이 있다. 아무것도 느끼지 못할 거라 여긴 돌멩이도 옆구리가 있다는 것을 곧 알았다. 감정이란 것은 옆구리에서 흘러나온다. 뭐든 닿으면 없던 옆구리가 감쪽같이 생긴다. 옆구리가 없는 것은 없다. 늘 한 켠에 밀쳐놓았던 옆구리를 따뜻이 끌어안는다. 옆구리가 있어 삶도, 죽음도, 살아있다.

여행 · 2

집에서 나갔다가 집으로 돌아오듯,
나에게서 나갔다가 나에게로 돌아옵니다.

별일 아니다 · 2

올가을 낙엽 떨어지듯
두 개의 모임이 해산되었다.
맛있게 만났던 것들이 몇 차례 꽃이 피고 지더니
지금은 부담스러운 짐이 되었다.
고락이 윤회한다는 옛말이 와 닿는다.
물들지 않는 잎이 어디 있으랴?
곱든, 칙칙하든, 떨어지면 모두 낙엽이다.
살다 보면 스스로 아는 일,
별일 아니다.
만상을 비추던 가을은 저만치서
저 홀로 고요하다.

사진 찍자 했더니

10여년 전 순천 국가정원에서 우리 부부는 우산 같은 부스에서 즉석사진을 두어 장 찍었다. 흰머리가 우산살처럼 펴진 2023년, 그동안 얼굴의 지도를 보자며 남편의 소매를 붙들고 다시 부스 속으로 들어간다. 남편은 자기는 영정사진이 있지만 아내인 내게는 없는 것이 걱정스럽다며, 카메라 눈으로 나를 돌돌 말아 밀어 넣는다. 영정사진이라고 하니 60년 박혀있던 눈과 입이 튀어나와 촛점을 잃는다. 무작정 손에 잡힌 토끼 머리띠를 이마 위로 올리고 엊그제 환갑기념으로 동그랗고 봉곳하게 찍는다. 모과빛 달 속에 토끼 한 마리가 엉거주춤 앉아있다.

호박똥

늙은 호박을 돌려 깎는다.

햇살을 돌려 깎는다.
비와 천둥을 돌려 깎는다.
손톱으로 툭 치면 쨍, 파란 하늘을 돌려 깎는다.
흰 눈을 사분사분 받은 울타리를 돌려 깎는다.
천지를 돌려 깎은 뱃속에 인드라망처럼 물큰하고 흐벅진,
꿀럭꿀럭 숨 쉬는 이것은 뭐꼬?
호박똥일까?

벌 나비가 모여드는,

거울
―이상의 거울에게

나는,
봄이기도 하고 겨울이기도 합니다.
겨울이기도 하고 봄이기도 합니다.

천재시인 당신은 거울 속의 나와 하나이기를 그렇게 바라오? 하나가 되면 거울의 소리를 들을 수 있고, 악수를 하고, 나를 만질 수 있을까요? 하나가 되지 못해 손톱을 뜯어먹으며 안절부절하는 것이 참으로 안타깝소. 거울 속의 나와 하나가 된다면 하나 된 나는 오히려 권태롭지 않을까 싶소. 소리가 나지 않으면 나지 않는 대로 악수를 못하면 못 하는 대로 그렇게, 모든 것을 비추지만 하나도 비춘 것이 없고, 하나도 비춘 것이 없지만 모든 것을 비추는 대로 살면 어떠하겠소.

본래 귀와 손은 거울 속에 있습니다.

겨울일기 · 3

 눈 속에 핀 민들레를 보는데 석 달 열흘 동안 물똥 쏟다 돌아가신 엄마 얼굴이 겹쳐집니다. 그때도 아무것도 할 수 없었는데 시간이 자란 지금도 할 수 없어 날마다 민들레 보러 나갑니다. 나가는 골목골목 얼어터진 개도토리를 줍는 할매의 굽은 손을 만나고, 개망초 밑둥에서 개똥쑥 뜯는 아저씨의 헐렁한 숨소리를 만나고, 길고양이 오가는 모퉁이에 파르라니 죽은 쪽제비를 만나다 보면, 큰 솥에 겨울을 푹 고와 밥술을 얹어주던 엄마를 따라갑니다. 따라가며 개도토리를 주워 보태주고 모퉁이에 사료를 갖다 놓습니다. 수은주가 깔딱깔딱하는 혹한에 민들레 보며 당신의 손을 배웁니다.

겨울일기 · 4

나목 한그루가 내 방을 들여다본다.
나는 창문을 열고 이따금씩 그를 마주본다.
그의 잘 다듬어진 근육은 색이 없다.
굳이 말을 찾아 붙이면 무색이다.
그의 뒤로 멀리로는 목화솜 구름이 점점점 피고,
가까이로는 몇몇 새들이 앉았다 날아가고,
날아온 몇몇은 햇살 한 모금, 바람 한 모금 정수리에 콕콕
박는다.
옷을 몇 겹 입은 나는 변명하듯 기침을 한다.
겨울에 둘러싸인 그를 흘금거리면서 일부러 기침을 한다.
기침은 사래로 들통나고 벌건 딸꾹질로 끝이 난다.
멋쩍은 내게, 생각하면 옷을 벗을 수 없는 거라며,
알몸인 그가 내 옷의 첫 단추를 풀어준다.

| 제3부 |

길

이런 길, 저런 길, 프로스트의 노란 갈래길,
내가 걸어온 길, 돌아보니 보이지 않는다.

이런 길, 저런 길, 프로스트의 노란 갈래길,
내가 가는 길, 살아있는 것들은 다 길이 있다.

이런 길, 저런 길, 프로스트의 노란 갈래 길,
내가 가야 할 길, 살길도 죽을 길도 있다.

달을 잃다

집게손가락 눈만 보다가 달을 잃었다.
달만 잃은 것이 아니라 밝음도 어둠도 잃었다.
아니, 달과 밝음과 어둠만 잃었을까?
손가락마저 잃었다.

한참 후에 알았다.

숟가락 · 1

 이빨도 없고 잇몸도 없고 이것도 저것도 가리지 않는다. 보름달로 차오르기도 하고 반달로 빠지기도 한다. 가끔은 아주 엎어져서 그믐달로 마르기도 한다. 밥상에서 입맛 다셔도 먹지는 않고 그저 수발만 든다. 엄마 젖 뗀 이후부터 내 입에는 이 달 저 달이 뜬다. 깜깜한 입을 환히 밝히는 달이, 뜨지 않은 날은 없다. 내 손도 저처럼 환한 달이 될 수 있을까? 슬며시 손을 구부려본다.

밥을 먹다가

밥을 먹고 뒤를 돌아다보니 똥자루가 주름진 배를 드러내고 앉아있다.

죽비소리 · 2

햇빛은 빛깔이 있어 헷갈리고, 바람은 소리가 있어 헷갈리고, 구름은 모양이 있어 헷갈린다.

매번 헷갈리면서 나는 빙빙 돈다.

똥개와 똥막대기

　애기똥풀이 쪼그려 앉은 뒷간을 똥개가 지나간다. 헐렁한 문틈으로 코를 들이밀고 킁킁하더니 주둥이로 삐뚜름 문을 밀어낸다. 동공은 커지고 꼬랑지는 엉덩이에 바짝 붙이고 침 흘리며 비뚜름 들어간다. 비뚜름 서 있는 똥막대기와 눈이 마주친다. 다짜고짜 똥막대기 허리를 물고 나오려는데 똥막대기가 거미줄에 걸린다. 주둥이로 이쪽저쪽 밀고 당기며 나온다. 애기똥풀을 돌아보며 앵두나무 밑을 지나 개똥이 졸고 있는 텃밭 언저리에 똥막대기 놓고 엎드린다. 뜯고 핥는 지경이 삼매다. 침이 닿는 자국마다 바나나가 열린다. 한 입 한 입 헤벌쭉 벌어지는 똥개의 입을 보름달이 덥석 문다. 몽매간에서 깨어난 똥개 마른 똥막대기를 보며 참꿈을 꾼다. 침을 거두는 똥개의 꼬랑지가 동그랗다. 애기똥풀이 헤실헤실 웃는다.

망고* · 1

　전생이 뱀이었다고 하네. 눈이 와도 발이 시리다고 댕댕거리지 않네. 꽃발자국, 살구꽃은 더 피지 않네. 몸을 비비던 토끼풀도 지나치네. 결혼하고 싶다던 누나도 알아보지 못하네. 밥 주는 엄마도 눈을 끔벅끔벅하네. 먹고 씹는 것도 잊었는지 턱 밑으로 흘리네. 엑스레이 속에서 흰 뼈가 튀어나오네. 머리를 꼬리에 묻으면 물결소리 드나들지 않는 똥섬이네. 코와 눈꺼풀에 맴도는 공기는 까맣네. 잔설이 빛에 마르듯이 숨결이 마르고 있네. 한 줌의 재가 몸을 싸고 있네. 흘러온 햇살과 바람이 흐릿해지네. 다음에 바꿔 만나자고 말하지 못했네. 너를 마지막으로 보네. 너를 안는 사이에 세상은 두 개가 되었네.

* 망고 : 반려견 이름.

삼겹살

　새벽 5시. 허리 접고 졸고 있는 솜방석을 편다. 뒤척이며 모양을 바꾸는 꿈들, 이마와 무릎을 납작 엎드리며 두 손바닥으로 모아 허공으로 올린다. 108에 가까워지면, 몸이 따뜻해지면서 색색의 꿈들이 흐물흐물 빠져나간다. 놓았거나 놓쳤거나, 옥말려든 침묵이나 잡음을, 고요라 이름 짓는다. 먼 산의 구름을 끌어와 찻물을 올린다. 다관에서 물소리가 보글보글 자란다. 물소리를 따라가니 겹겹의 살 속에 불안, 슬픔, 쓸쓸함, 외로움이란 손님이 구멍처럼 앉아있다. 이목구비 없는 저 손님들의 등골을 입이 시커멓도록 빨아 먹었다. 양 볼이 훌쩍한 입을 둥그렇게 부풀리며 두렛상에 차를 낸다. 잘 쉬었다 가라고 아궁이에 군불을 넣는다. 굴뚝에서 목화솜이 핀다. 이젠 빨아 먹을 손님은 없다.

신록 · 2

어린 양 떼들이 젖을 빠네.
쭙 쭙 즙,
젖살 오르는 양떼구름이네

그래도

　코스모스가 허리춤을 추기 시작하면 온 동네를 들썩이며 운동회가 돌아왔다. 새 운동복을 바느질하는 엄마의 바느질선 따라 운동장엔 달리기선부터 그어졌다. 나는 골목길이든 오솔길이든 달렸다 하면 한참 멀리 있는 꼴찌였다. 만국기가 운동장을 펄럭이면 발걸음부터 토악질을 한다. 그날도 좀처럼 줄어들지 않는 운동장을 허방인 듯 달리고 달리는데, 응원하던 아버지가 운동장 가운데를 가르며 달려오시더니 나를 훌쩍 업고 다시 운동장 가운데를 가르며 달려가신다. 아버지 등을 치며 발버둥치는 사이에 닿을 수 없는 수평선이 아버지 배에 툭 풀린다. 진공상태인 내 눈에 비친 구경꾼들은 말로만 듣던 고래를 본 듯 환호하며 소금꽃을 반짝반짝 피운다. 그래도 어떠한 마음이 녹았는지 휘둥그레진 공책을 받았다. 그날 이후 그래도를 품으면 비밀스럽게도 꼴찌를 해도 발이 오그라들지 않았다. 이래도 그래도, 저래도 그래도, 그래도는 그로 가는 첫 나침반이 되었다. 북극을 가리키는 머언 운동장엔, 아버지가 딸을 업고 달리고 있다. 지금도……

봄바람이 불어서

봄바람이 불어서
돌 틈이 향기롭고

봄바람이 불어서
소똥이 하품하고

봄바람이 불어서
제비꽃 이름이 불려지고

봄바람이 불어서
햇빛이 흐물거리고

봄바람이 불어서
저편으로 가는 잔물결

드러내고. 내어주고
오고 감이 없다.

벚꽃 둑방길

분홍기차가
분홍 연기를 날리며 밥을 짓네.

배곯은 칸칸마다
고봉밥을 한입 물고 있네 .

크든 작든
마중 나온 벌어진 입에 고루 나누어주네.

민들레 제비꽃 개미들에게도
먼 동천의 두루미에게도 나누어주네.

허공을 흩날리며 나누어주네.
흔적 없이 나누어주네.

새들이 지나고,
바람이 지나고,

검붉은 밥을,
구두가 먹고 있네.

어린아이 · 1

 어린아이가 은쟁반 위에 얼음구슬을 굴리며 딸랑딸랑 구슬놀이를 하네. 잠깐 밖에 나갔다 돌아온 아이는 얼음구슬이 없어졌다 하네. 은쟁반의 물을 뒤적이며 얼음구슬을 그렁그렁 찾네. 그렁그렁한 어린아이가 평생으로 나를 살고 있네.

어린아이 · 2

  어린아이가 풍선을 불고 있네. 볼을 불려 넣은 숨의 끝을 꽁꽁 묶네. 풍선을 이리 띄우고 저리 띄우더니 속에 아무것도 없다 하네. 숨을 쉬면서 숨이 없어졌다며 식식거리네. 식식거리는 어린아이가 평생으로 나를 살고 있네.

| 제4부 |

무지개는 반원이란다

빨주노초파남보.
함께해서 무지개란다.
아이야
다름이 모여
둥글게 빛나는,
무지개는 반원이란다.

질문 · 1

미지근한 봄
쪽마루 햇살에 콩을 펴놓고
요리조리 어우르다
콩 속으로 들어갑니다.
당신은,
씨앗입니까? 열매입니까?
둥근 콩이 구르며 말합니다.
심을 때는 씨앗이고
거둘 때는 열매입니다.
무명치마,
화들짝 깨어납니다.

질문 · 2

개천에서 구르는,
꿈꾸는 돌을 주워옵니다.
탁, 탁, 탁, 연꽃으로 깎습니다.
물이 흐른 자리마다
향기를 알알이 담습니다.
구르고 구른 자국마다
푸른 범어파 소리가 납니다.
연꽃이 꿈틀합니다.
멀리서
향과 소리가 합장을 합니다.
깎은 돌을 주워온 개천에 되돌려놓습니다.
꿈꾸는 돌멩이는 눈을 뜬 걸까요?

전업주부

하루, 밥 세끼를 합니다. 배달음식이나 시장에서 구입한 음식은 젓가락질을 안 합니다. 마른반찬, 젓갈류, 고소한 껍질이 있는 고기는 물론 국민국밥도 절래절래 합니다. 먹을 수 있는 것보다 먹을 수 없는 것이 더 많아 끼니마다 삶고 찌고 데치고 끓입니다. 그러나 입이 댓 발 나온 음식은 뭐든 맛있다고 합니다. 맛있다는 그 한마디가 찔리기는 하지만 밥풀 하나 버리지 않는 설거지는 뼛속까지 가벼워집니다. 가끔 살림살이가 멈춰 보이는 날엔 오이지 같은 얼굴을 창밖으로 내밀고 손을 내저어 봅니다. 오래전부터 집안을 들여다보는 굴참나무와 눈이 마주칩니다. 바람은 푸르고, 햇살이 싱그러운 굴참나무는 이명처럼 우는 매미를 시끄럽다고 밀어내지 않습니다. 꼬리를 좌우로 흔드는 새들의 똥도 받아주며 집 지으라고 슬그머니 가지도 내어줍니다. 품어주고 내어주는 굴참나무 계절을 가만히 어루만지는데 그 온기가 내 가슴을 토닥토닥합니다. 노을 젖은 행주치마에 보리굴비가 펄떡펄떡 뜁니다.

지나온 것처럼

 꽃신 신고 하늘로 펄쩍 올라간 것도 대단하지도 않고 밟힌 꽃처럼 으깨어진 것도 다만 지나가야 하는 길이었네. 짧게 보면 큰일이지만 길게 보면 순식간이었네. 아마도 이 땅을 떠나는 순간, 꽃신 신은 일을 되새기든, 밟힌 꽃처럼 으깨진 일이든 되돌아보면 엊그제 일일 것이네. 앞을 보면 까마득했던 것들이 돌아보니 한순간이고 찰나이네. 이것이라 저것이라 할 것이 없네. 앞으로 다가오는 것들도 지나온 것처럼 보내자고 신발을 정리하네.

나는 향이 나지 않으니까

저 꽃밭을 나는 벌과 나비는
내게는 오지 않을 거야.
나는 향이 나지 않으니까
이다음에 부처꽃으로 태어나
저들과 함께하리.

밤 두 톨과 곶감 하나

 절절함이 없어서일까? 미지근하게 살아온 나는 '그립다'라는 말을 써본 적이 없으나, 아버지에게는 목마름 축이듯 쓴다. 아버지가 출출히 그리우면 나는 밤과 곶감 속으로 들어간다. 흰 두루마기 입은 아버지의 소매자락에서 밥풀꽃 피는 냄새가 들린다. 고른골 상여집 지나 두리봉 큰할머니 제사를 가시려는가 보다. 한 손엔 쌀자루를 나머지 한 손엔 내 손목만 한 후레시를 들고 하얀 고무신을 신으신다. 나는 홀로 산길을 넘으시는 아버지가 무섭지 않을까? 달은 떴을까? 창호지 문을 열었다 닫았다 하며 달을 따라가다 졸음을 따라가다 호롱불처럼 가물가물 잠이 든다. 이튿날 울타리에서 불어대는 나팔꽃 소리에 놀라 일어나면 아버지는 보이지 않고 벽에 걸려 있는 두루마기가 먼저 들어온다. 아버지, 하고 부르면 귀신같이 내 곁으로 오신 아버지는 내 손에 밤 두 톨과 곶감 한 개를 손안에 꼭 안겨 주신다. 아버지와의 비밀이 들킬까 싶어 숨을 죽이고 손을 펴면 토끼 같은 달과 분이 말랑한 해가 뜬다. 밤 두 톨과 곶감 한 개는 온종일 손바닥을 구르며 내 발자국을 밝혔다. 수몰지구로 고향을 떠나기까지, 나는 앞니로 해와 달을 깨물어 먹었다.

날씨 알림이, 자귀나무

자기 스스로 되돌아간다, 는 자귀나무.
낮에는 잎이 활짝 피고, 밤이면 잎이 오므라지는 나무.
날씨를 예측할 수 없는 옛사람들이 농사시기를 알게 한 나무.
움트면 씨앗을 심고
꽃이 피면 장마가 오고
꽃이 만개하면 풍년이 든다는 나무.
꽃잎을 말려 베게 속에 넣으면 날씨 중에 최고의 날씨 부부 금슬의 날씨도 화창한 맑음이라는 나무.

전남 구례군 노고단로 209로,
샘이 숨어있는 옛 절, 천은사에서 전합니다.

찔레꽃

애야
장맛 좀 보거라.
엄마가 손가락으로 꾹 찍어 주시던
꽃.
먼 하늘 마른 손가락에
장꽃이 한창이다.

순가락 · 2

낙안 읍성에 가면
해산한 젖가슴을 달고 있는
나무 한 그루가 있다.
부처님도 예수님도 주지 못한,
비가 오나
눈이 오나
달처럼 걸려 있다.
그 아래 그늘로 앉아있으면
쪼그라든 배꼽에 달이 뜬다.

신 이솝우화[*]

  베짱이는 목젖을 울려 하늘과 땅을 푸르름으로 노래하네. 개미는 베짱이의 노래에 발을 맞추고 허리를 비틀어 춤도 추며 방울방울 돋는 땀을 차곡차곡 쌓아놓네. 가끔 먹지 않는 넓고 둥근 잎을 물고도 가네. 노래와 땀이 어우러진 여름이 가고 한겨울 깊은 밤, 개미집 앞이네. 낙엽처럼 목이 쉰 베짱이가 망설이며 문을 두드리네. 호롱불 들고나온 개미는 베짱이의 마른 손을 맞이하네. 화롯불을 쬐며 개미는 베짱이에게 이야기를 하네. 베짱이는 노래만 하는 베짱이가 아니었다 하네. 베짱이가 베짱이로 온전히 즐기는 노래가 있었기에 개미도 겨울을 나누어줄 수 있다 하네. 개미는 목젖이 출렁이는 베짱이의 푸른 눈물을 닦아주네. 그리고 베짱이의 입을 닮은 둥근 기타를 베짱이에게 내어주네. 허리 풀며 개미는 노래하네. 첫울음처럼.

[*] 신 이솝우화 : 일개미처럼 공무원을 하다 산티아고 순례길로 급선회한 박광영 시인의 『산티아고, 햇빛과 바람과 환대의 길을 가다』에서 '베짱이'를 빌려옴.

베고니아, 그 붉은 이야기

 우연히 들른 카페에서 베고니아 화분을 화이트홀처럼 보는데 여주인이 아예 빠지라며 그냥 가져가라고 한다.

 잊은 지 오랜 붉은색이다. 속살에서 붉은 물이 번지는 초경 같은 꽃을 더 많이 보려고 분갈이를 했더니 가지마다 허공이다.

 히끗히끗 오가는 것들을 섞어 끙끙 앓는 허공에 뿌려본다. 가장 오래하는 궁리인지 백일홍 매미울음이 껍질이 되어도 허공은 뭉특하다.

 안구건조증이 붉은 어느 새벽. 헛것을 보는가. 미지의 속살이 여명을 깜빡이며 허공에 숨을 불어 넣는다.

 점, 점, 점, 호흡이 붉어진다. 그렇게 붉은 겨울이 가고 또 붉은 여름이 온 방을 돌아다니는데, 허연 옆지기가 '여보 이 꽃 좀 보시게나' 처음 몽정을 한 사춘기 같은 말투다.

 합이로다.

잉태한 붉은 물은 허공을 넓히며 이불이며 천장이며 강아지며 모두가 붉어진다.

망고[*] · 2

   망고야, 너의 맥이 희미해질 때 아버지는 너를 안고 괜찮아, 괜찮아, 하셨네.
   나는 괜찮아, 괜찮아, 괜찮아질 거야, 하며 차가워지는 너의 곁을 지켰네.

   망고야, 네가 놀던 토끼풀은 새로 돋는데,
   새로 돋는 여린 토끼풀은 여름을 다 덮을 듯한데,
   나 홀로 토끼풀에 앉아 네가 찍고 간 하늘을 보네.

   하얀 구름 딸랑이며. 오지 않을까? 해종일 설레다 백중물 맞으며 돌아오네. 지난 시간들을 흠뻑 맞으며 돌아오네.

   망고야, 너로 인해 숨을 쉬고 너 때문에 온전히 살았으나 너를 위해 살아 본 적이 없네.

   망고야 네가 심어놓은 토끼풀 심장 다 줄게.
   너 떠난 오늘 밤, 다시 태어난다면.

* 망고 : 반려견 이름.

극隙

저게 뭐지?
흰 말일까?
구름일까?
분분한 사이에
서릿발이 되었네요.

평생을 앓고 싶은 병

붓은 이마를 짚고
원고지는 붓끝을 핥으며 끙끙 앓지.
병명은 몰라.
아니 처음부터 없을지도 몰라.
으음, 약이 딱 하나 있긴 해
칸칸마다 열린 문에 점 하나라도 찍어 놓으면 바로 낫지.
거짓말 같지?
근데 이 병은 더 깊어지며 앓고 싶어 하지.
평생을 앓을 수 있도록
식음까지 전폐하며 소원한다지.

가방은 모두의 방이다

오로지 자기만이 드나들 수 있는 방이다.
함부로 방문을 열면 추행이라고 소문나는 방이다..
상추 먹다 흘기어도 흠칫 옆구리 속으로 숨는 방이다.

그 자체가 비밀한 방이다.

비밀이 샐까 봐 불안이 울룩불룩 어질러진 방이다.
속을 보이지 않으니 위로하지도 못하고 위로 받지도 못하는 방이다.

그럼에도,

누군가의 마음으로 건너가 안기고 싶은 방이다.
거부하지 않고 늘 손을 내어주는 방이다.
옆에 앉아 어떠한 이야기도 들을 수 있는 방이다.

정말로 궁금한 건,
누구든 장미넝쿨처럼 걸쳐본다는 방, 모두의 방이라는 것이다.

|해설|
교감交感의 미학
― 최서연의 시세계

장인수 | 시인

  최서연 시인의 이번 시집은 '교감交感의 시집'이다. 교감은 서로 감응하는 능력이다. 교감 능력은 다른 사람의 생각, 감정, 또는 의도를 이해하고 해석하는 능력을 의미한다. 이 능력은 언어나 제스처로 표현되지 않는 숨겨진 신호를 해독하는 것을 포함한다.
  교감 능력은 두 가지 주요 측면으로 나눌 수 있다. 첫째는 언어 외의 신호 해석 능력이다. 언어를 통한 소통은 말 그대로 정보 전달의 일부에 불과하다. 눈의 움직임, 표정, 몸의 자세, 손의 동작, 목소리 톤, 속도, 강도 등의 비언어적 신호를 해석하는 것이 중요하다. 둘째는 공감 및 이해 능력이다.

교감 능력은 다른 사람의 위치에서 상황을 이해하고 공감할 수 있는 능력을 포함한다. 다른 사람의 관점에서 상황을 바라볼 때, 그들이 느끼는 감정과 생각을 공감하며 공유함으로써 더 깊은 인간관계를 형성할 수 있다.

그런데 최서연 시집에서는 사람 사이뿐만 아니라 사람과 동물과 식물 사이에도 교감이 작동한다. 모든 생명체는 고유의 자아를 지닌다. 동일한 유전자의 일란성 쌍둥이도 각자 자아를 가지게 된다. 자아를 만들어내는 신경망의 연결 구조는 우주 원자 개수보다 많다. 개인의 자아는 그만큼 고유하고, 개인의 생각은 그만큼 특별하다. 소통과 교감은 이처럼 고유한 자아들의 공명 현상이다.

최서연 시를 읽다 보면 꽃과 나무와 교감, 아버지와의 교감, 가난과의 교감, 반려동물과의 교감, 똥과의 교감, 늙음과의 교감이 두드러지게 나타난다.

나무와 꽃과의 교감에 대하여

영화 〈아바타〉에서 나비족은 머리카락에서 촉수같이 생긴 것을 꺼내어 동물의 수염, 꼬리, 털, 물고기의 수염에 연결하여 서로 교감을 나눈다. 신경 교감 장치를 통해 여러 생명체에 인간의 영혼이 들어가 서로 교감하고 마음을 나누는 것이다. 머리카락으로 다른 생물과 교감하는 나비족의 능력을 최서연 시인의 시에서도 확인할 수 있다. 모든 생명체는 유기적으로 연결되어 있다. 유기체적 세계관에서는 세상을 분리된 요소들의 집합이 아닌, 상호 연결된 하나의 전체로 본다. 마치 생명체가 각 기관들이 서로 영향을 주고받으며 하나의 개체를 이루는 것처럼, 세상의 모든 것들이 관계를 맺고 있다고 생각한다.

> 애야
> 장맛 좀 보거라
> 엄마가 손가락으로 꾹 찍어 주시던
> 꽃.
> 먼 하늘 마른 손가락에
> 장꽃이 한창이다.
>
> —「찔레꽃」 전문

전통장을 담근 지 2개월 정도 지나면 장항아리에 하얀 장꽃이 가득 피어난다. 이 장꽃을 어머님들은 찔레꽃이라고 했다. 장꽃이 하얗게 핀 찔레꽃을 닮아서 그랬을 것이고, 찔레꽃 필 때와 된장과 간장을 가르기 할 때의 시기가 딱 맞아떨어져 그랬을 것이다. 1월 말이나 2월 초에 잠을 담그면 4월 중순에 장항아리에 장꽃(찔레꽃)이 하얗게 피어난다. 장꽃이 하얗게 피면 된장도 간장도 아주 맛있다. 시적화자의 어머니는 돌아가셨나 보다. '먼 하늘 마른 손가락'으로 장맛을 보라는 표현으로 볼 때 어머니는 돌아가셨나 보다. 그러니까 '애야 장맛 보거라'는 하늘에서 들려오는 돌아가신 어머니의 목소리다. 메주, 소금, 물, 건고추, 대추, 숯이

항아리에서 피워낸 장꽃(찔레꽃). 이것이 인간과 자연의 교감 능력이다.

> 낙안 읍성에 가면
> 해산한 젖가슴을 달고 있는
> 나무 한 그루가 있다.
> 부처님도 예수님도 주지 못한,
> 비가 오나
> 눈이 오나
> 달처럼 걸려 있다.
> 그 아래 그늘로 앉아있으면
> 쪼그라든 배꼽에 달이 뜬다.

―「숟가락·2」전문

낙양 읍성에 가면 700여 년 된 노거수 유주 은행나무가 있다. 유주乳柱는 여성의 젖꼭지 모양과 같이 줄기의 일부가 돋아나는 것을 말하는데 원래 하늘을 향해 높이 뻗은 가지에서 돋아난 일종의 뿌리로 흙 속에 묻힌 뿌리만으로 호흡을 하기 어려워 모자란 숨을 보충하기 위해 허공에 드러난 뿌리라고 한다. '나무 고드름'이라고도 한다. 유주는 전국에 이름난 은행나무에 주로 등장을 하는데 전남 순천의 낙안읍성의 은행나무, 성균관대학교 명륜당 은행나무, 경남 의령군 곽재우 생가의 세간리 은행나무 등의 유주가 널리 알려져 있다. 이 유주乳柱는 남자의 성기性器와 많이 닮아 아들을 낳으려는 아낙네들이 치성을 드리고 아들을 낳았다는 속설과 젖이 잘 나오지 않은 아낙이 젖을 잘 나오게 치성을 드리기도 하였으며, 이를 잘라 가서 치성을 드리기도 하였다고 전해진다. 젖이 모자란 아이에게 젖을 물리는 모성애가 가득한 나무. 부처님도 젖을 주지 못했고, 예수님도 아이에게 젖을 물리지는 못했다. 유주가 달린 은행나무는 젖을 물릴 수 있었다. 젖꼭지가 달린 은행나무. 사람과 교감을 나누는 나무는 젖꼭지가 달려있는 것이다.

    작약꽃이 피었습니다.
    아버지의 얼굴이 보입니다.

    감자꽃이 피었습니다.
    어머니의 얼굴이 보입니다.

    봉숭아가 피었습니다.
    언니의 얼굴이 보입니다.

    은방울꽃이 피었습니다.
    강아지와 고양이 얼굴이 딸랑딸랑 보입니다.

    채송화가 피었습니다.
    작고 동그란 내 얼굴도 보입니다.

    꽃 보며.

꽃처럼 살던,

―「꽃 보며, 꽃처럼 살던」 전문

 아버지는 작약꽃, 어머니는 감자꽃, 언니는 봉숭아꽃, 강아지와 고양이는 은방울꽃, 시적화자는 채송화꽃이다. 꽃가족이다. 이렇게 온 가족과 반려동물이 꽃이 되었다. 꽃은 그냥 꽃이 아니다. 꽃마다 향기와 색깔이 솟아난다. 노랑의 피, 빨강의 웃음, 파랑의 절망, 분홍의 현악 4중주, 초록의 꽹과리, 하양의 뽕짝이 차고 넘쳐서 흘러간다. 꽃밭은 색깔의 군무이며, 범람이며, 은하수이며, 초신성이다. 꽃밭은 색깔의 현기증이며, 아제아제바라아제이며, 나무아미타불이다. 꽃은 세계 안에 있는 빛의 총량을 작게 쪼갠 것이다. 꽃은 그 쪼개진 것들의 퍼짐이다. 꽃은 탄생과 소멸을 동시에 품고 있다. 꽃은 생명 탄생과 희열과 쇠락을 가장 극명하게 보여주었다. 삶의 덧없음, 인생무상, 색즉시공의 인식을 일깨웠다. 그러니 꽃 보며, 꽃처럼 사는 것이 우리네 가족의 모습이리라. 사람과 강아지와 고양이 얼굴이 꽃인 것은 유기체적 세계관으로 보면 하등 이상하지 않은 표현인 것이다.

나목 한 그루가 내 방을 들여다본다.
나는 창문을 열고 이따금씩 그를 마주본다.
그의 잘 다듬어진 근육은 색이 없다.
굳이 말을 찾아 붙이면 무색이다.

그의 뒤는 멀리로는 목화솜 구름이 점점점 피고,
　가까이로는 몇몇 새들이 앉았다 날아가고,
　날아온 몇몇은 햇살 한 모금, 바람 한 모금 정수리에 콕콕 박는다.
　옷을 몇 겹 입은 나는 변명하듯 기침을 한다.
　겨울에 둘러싸인 그를 흘금거리면서 일부러 기침을 한다.
　기침은 사래로 들통 나고 벌건 딸꾹질로 끝이 난다.
　멋쩍은 내게, 생각하면 옷을 벗을 수 없는 거라며,
　알몸인 그가 내 옷의 첫 단추를 풀어준다.
　　　　　　　　　　　　　　　　　　－「겨울일기·4」 전문

　창밖의 겨울나무와 교감하는 시다. 겨울나무가 내 방을 들여다보고, 나는 겨울나무를 유심히 관찰하고, 해찰한다. 나는 겨울감기에 걸려서 기침을 하고, 일부러 나무에게 기침을 한다. 겨울나무는 벌거벗었다. 근육질의 건강한 나무다. 알몸인 나무가 감기에 걸려 몇 겹을 입은 내 옷의 단추를 풀어준다.

　세계는 무수한 에너지가 작동한다. 겨울나무와 나 사이에도 에너지가 교류한다. 창밖의 겨울나무가 건강한 것은 인간의 뜻이라기보다는 천문 지리의 뜻일 것이고, 하늘의 상象이며, 자연의 주기일 것이고, 하늘과 땅의 일거리일 것이다. 겨울나무가 인간의 영역으로 들어와 인간의 감각을 일깨우는 일은 유기체적 세계관으로 볼 때 당연한 현상일 것이다. 벌거벗은 겨울나무가 감기에 걸린 시적 화자를 다독

인다. 나무의 건강한 감각을 시적화자가 받는 일이다. 나무가 인간에게 먼저 교감을 나누는 것이다. 이것은 시적화자가 유기체적 세계관을 지녔기에 가능한 교감이다.

> 자기 스스로 되돌아간다, 는 자귀나무.
> 낮에는 잎이 활짝 피고, 밤이면 잎이 오므라지는 나무.
> 날씨를 예측할 수 없는 옛사람들이 농사 시기를 알게 한 나무.
> 움트면 씨앗을 심고
> 꽃이 피면 장마가 오고
> 꽃이 만개하면 풍년이 든다는 나무.
> 꽃잎을 말려 베게 속에 넣으면 날씨 중에 최고의 날씨
> 부부 금술의 날씨도 화창한 맑음이라는 나무.
>
> 전남 구례군 노고단로 209로,
> 샘이 숨어있는 옛 절, 천은사에서 전합니다.
> ―「날씨 알림이, 자귀나무」 전문

자귀나무는 그냥 독립된 나무가 아니다. 여러 자연 현상과 연결되어 있는 생명체다. 자귀나무는 농민에게 날씨를 예측하게 하고, 농사 주기를 알게 하고, 장마가 언제 올지를 감지하게 하고, 화창한 날씨인지를 꽃잎을 통해서 드러내는 나무다. 꽃잎을 말려 베게 속에 넣으면 부부 금술도 좋아진단다. 알짜 알림이 역할을 하고, 부부 금술까지 좋아지게 하는 자귀나무는 교감 능력이 매우 뛰어난 나무에 해당한다.

가난과의 교감에 대하여

 옛날의 가난은 모두가 가난했던 시절의 가난이었다. 없어도 서로 나누며 인정을 나누던 시절이었다. 가난이 가난인 줄 모르고 어우러져 살던 시절이었다. 한결같이 가난하던 시절이었다. 그래서인지 가난도 익숙하면 정다운 속성을 지닌다. 부유함보다 가난이 낯익고 정다울 때가 있다. 자꾸만 비인간화 되어가는 사회에서 자꾸만 물질만능으로만 치닫는 세상에서 가난 속에서도 아름다웠던 날들을 회상하며 자신의 참모습을 찾고 싶을 때가 있다.

 그런데 요새 가난은 너무 처절하다. 지금도 가스비를 못 내 가스가 끊기고, 전기세를 못 내 몇 개월씩 촛불을 켜고 생활하다가 화재가 나서 할머니와 손녀가 숨졌다는 뉴스도 오늘날의 사건이 된다. 상대적인 가난일 때 가난은 더욱 서럽고 고통스럽다. 남들이 다 호의호식하고 여가를 즐기는데 나만 끼니 걱정을 하며 가난에 허덕일 때 서러움은 더욱더 북받쳐 오른다.

 가난이 때로는 너무 비정하다. 그러나 참혹한 가난만 있는 건 아니다. 청빈의 즐거움도 있다. 가난하지만 마음을 풍요롭고 한다. 맑은 영혼을 위해서는 가난이 보약일 때가 있다. 물질의 위력이 아무리 맹위를 떨치더라도 방향키를 잘 조정하면 궁핍도 견딜만한 가치가 있다.

 보리내음 나는 그녀

바늘땀처럼 아껴 써도 마이너스란다
좌판 레이스 속옷 한번 못 사 입고
제철 앵두 입에 문 적 없는데 하며,
손등으로 눈물을 찍는다.
삼십 촉 전구로 앉아있는 나는
모래알 같은 말 대신
씁쌀하고 독해지라고
천 원짜리 소주 한잔 내민다.

―「소주 한잔」 전문

  노점상 좌판에 있는 여자 레이스 속옷은 아마도 5천 원에서 2만 원 사이일 것 같다. 그녀는 돈이 없어서 싸구려 속옷도 못 사 입었단다. 제철 앵두도 사 먹지 못했단다. 과일을 사 먹을 돈이 없어서. 요즘 천 원짜리 소주가 어디 있나? 아마도 컵으로 파는 소주 한잔일 것 같다. 한 병은 비싸서 사 먹지 못하고, 종이컵으로 파는 소주를 사 먹는 것 같다. 아! 이 정도 되면 최하층 서민일 것이다. 가난뱅이일 것이다. 가난뱅이의 노래다. 시적화자는 그녀에게 '씁쌀하고 독해지라고', 그래야만 살아갈 수 있노라고 위로를 건넨다. 이런 시편이 2025년도에 창작된 시가 맞을까? 아니면 수십 년 전에 창작한 시를 지금에서야 뒤늦게 발표하는 것일까? 가난은 겪어본 자만이 쓸 수 있다. 가난을 체험하지 못한 자는 쓸 수가 없다. 가난은 가난한 생활에 밀착된 자만이 성공적으로 쓸 수 있다. 소주 한잔으로 생활시의 진면을 보여주고 있다. 소주를 서로 건네는 술품앗이는 슬픔을 서로 나누는 '슬픔앗이'로 읽힌다.

  20년 된 차를 운전하는 남편. 이삼 년 후엔 면허증을 반납한다고 한다. 주변에서 배꼽을 이고 사느냐며 바꾸라고 하지만 기후 환경에 도움이 된다는 해설가로 귓등만 간지럽다. 그런 여름날 천장 시트가 물컹하니 내려앉았다. 운전하는데 물렁물렁한 손이 내려와 머리에 소름 돋는다며 더듬더듬 정보지를 찾는다. 수리하는데 몇십만 원이라고 하니. 서랍을 들락날락하며 압정을 찾다 문구점이 어디 있냐고 묻는다. 이삼 개월이면 몰라도 이삼 년 탈 거면 수리하라고 목울대 울럭이지만 그 비움 사이로 180도 바뀌면 끝이라는 냄새 하나가 스멀 올라왔다 사라진다. 늘 알량함을 꺾지 않아서 손해를 보았듯 이참엔 떨어진 압정이 엉덩이에 꽂혀봐야 늦게나마 자린 고집인 줄 알 것 같다. 뒤통수 보며. 걸쭉한 날숨으로 양 볼 터지고 있다.
                                                  -「20년 된 차」 전문

이게 실화인가? 허구인가? 나도 돈을 아껴쓰는 짠돌이지만 자동차가 고장 나면 즉각 카센터에 가서 수리를 하곤 한다. 그런데 시적화자의 남편은 20년 된 차의 천장 시트가 운전석으로 내려앉았는데 수리비가 아까워서 문구점에서 압정을 사다가 천장 시트를 임시방편으로 고정을 시켰다는 것이다. 떨어진 압정이 엉덩이에 꽂힐 위험이 농후함에도 불구하고 그깟 수리비가 아까워서 수리를 못하다니! 이 정도면 시적화자의 남편은 아니꼬울 정도로 인색한 수전노일까? 수전노守錢奴는 돈을 지키는 노예라는 뜻으로, 돈을 모을 줄만 알고 쓸 줄을 모르는, 매우 인색한 사람을 일컫는 말이다. 구두쇠? 자린고비? 부모님 제삿날 쓰는 지방紙榜을 매년 새 종이에 쓰는 것이 아까워서 한 번 쓴 지방을 기름에 절여두었다가 매년 같은 지방을 썼다고 하는 자린고비. 돈이 있음에도 불구하고 꼭 써야 할 때도 쓰지 않고 지내는 사람을 일컫는 말이다. 청빈하고 정다운 가난이 아니라 참혹한 가난이다. 견디고 즐길 수 있는 가난이 아니라 사고 위험을 방지하지 못하는 미련한 가난이다. 가난은 때로는 비정하다.

'가난'에 대한 인식의 편차는 천차만별이다. 가난은 비정하고, 처절하고, 아프고, 비루하고, 절망스러울 수도 있다. 정반대로 가난은 견딜 만하고, 품격이 있고, 즐길 수 있고, 안빈낙도와 청빈함의 상징일 수도 있다.

나는 요즘 생활 밀착형의 시편들은 자꾸 읽고 싶지 않다. 왜? 시를 통해 현실을 벗어나 환상과 낭만의 세계로 빠져들고 싶은데, 생활에 밀착한 시들은 그것을 방해한다. 가난을 노래하는 생활시들은 점점 나를 생활에 밀착해보라고 요구한다. 그래서 거부감이 생긴다. 내가 생활에 밀착된 시를 쓰기 때문에 그런 느낌은 더욱 내 자신이 잘 안다. 가난을 노래한 백석의 시, 신경림의 시, 김영승의 시도 때로는 읽기 싫다. 지긋지긋한 생활을 노래하기 때문이다. 그러다가 또 끌린다. 자꾸 끌린다. 그것이 가난을 노래한 생활시의 독특

한 매력이다.

똥과의 교감에 대하여

똥시! 오줌시! 시는 똥이고 오줌이다. 많은 시인이 똥시인이고 오줌시인이다. 시인은 똥강아지다. 똥강아지가 시다. 시인들은 똥, 오줌을 소재로 시를 많이 썼다. 아마 대부분의 시인들이 한두 편은 쓰지 않았나 싶다.

대충 기억나는 것으로는, 오줌시는 문인수「쉬!」, 문정희「물을 만드는 여자」, 김선우「오동나무의 웃음소리」, 「요실금」, 이종문「그날의 오줌 소리」, 김송포「서서 오줌 누는 여자」등. 똥시는 오탁번「끙!」, 고영민「똥구멍으로 시를 읽다」, 황규관「아침 똥」, 김개미「쉬는 시간에 똥 싸기 싫어」, 복효근「멸치똥」, 송재학「야크똥」, 유자효「똥」, 이대흠「똥이라는 말을 꽃이라는 말로 바꾸면」, 김효순「똥 이야기」, 최승호「쇠똥구리」, 김명리「오줌 누고 똥 누는 일의 신성」 등.

최서연의 이번 시집에도 똥시들이 많이 나온다.「똥개와 똥막대기」, 「죽비소리」, 「밥을 먹다가」, 「똥물꽃」, 「겨울일기·3」, 「똥잔치」등 많은 시편들이 나온다. 똥은 배설물이다. 똥에는 많은 성분이 포함되어 있다. 똥을 보면 그 사람의 건강을 살필 수 있다. 똥을 잘 누면 건강하고, 똥이 묽거나 막히면 건강하지 못하다. 똥은 거름이다. 똥은 똥개가 좋아하는 똥개의 영양식이다. 똥은 지저분하지만, 똥은 신성하다. 똥은 꽃의 다른 이름이다. 똥은 풀의 다른 이름이다. 민들레는 노란 똥처럼 생겼다. 애기똥풀에서는 애기똥 냄새가 난다. '밥을 먹고 뒤를 돌아다보니 똥자루가 주름진 배를 드러내고 앉아있다.'(「밥을 먹다가」 전문)처럼 잘 먹고, 잘 싸고, 또 잘 먹고 잘 싸는 일이 우리의 일과다. 먹고 싸는 일은 죽어서는 결코 할 수 없는, 살아서만 할 수 있는, 살기 위해 해야만 하는 가장 중요한 일이다.

> 반려견이 풀에 똥을 눈다.
> 풀은 너울너울 풀잎을 넓혀가며 똥을 받는다.
> 멀리서 지켜보던 바람이 쿵쿵하더니 냄새를 퍼나른다.
> 햇살은 더 익혀야 구수하고 바싹하다며 쭈그리고 앉는다.
> 돌 틈 민들레는 고개를 비스듬히 얹어놓고 시치미를 뗀다.
> 파리는 고명처럼 떡 하니 앉아 잔칫상을 벌인다.
> 개미들은 구경나온 독수리팔랑나비, 보라금풍뎅이, 무당벌레를 맞느라 땀투성이다.
> 햇살이 흩어질 즈음 남사당 하루살이 떼 상모 돌리며 개똥벌레를 불러온다.
>
> ―「똥잔치」 전문

이 시는 앞서 분석했던 '나무와 꽃과의 교감에 대하여'와 서로 유기적으로 연결되는 시다. 반려견은 풀밭을 좋아한다. 풀밭에 가서 똥을 눈다. 그러면 풀이 좋아한다. 바람도 똥냄새를 좋아한다. 햇살도 반려견의 똥을 좋아한다. 돌틈 민들레는 똥냄새를 킁킁 맡는다. 파리는 산해진미처럼 똥을 좋아한다. 개미와 풍뎅이와 나비와 무당벌레와 개똥벌레도 반려견의 똥을 좋아한다. 이렇게 보면 개똥을 싫어하는 존재는 없다. 개똥을 다 좋아한다. 개똥으로 인해 모든 생명체가 유기적으로 연결된다. 배설기관은 자신의 역할을 수행하면서도 다른 생명체와 서로 영향을 주고받으며 생명 활동을 유지한다.

  똥은 몸의 구성 요소다. 메를로 퐁티는 '몸'을 탐구한 철학자다. 그는 "몸은 순수한 물질도 아니고 순수한 정신도 아니다. 몸은 물질과 정신이 함께 태어나는 곳이다……. 나는 몸을 가진 동시에 몸이다."[1]라는 말을 했다. 인간의 몸은 소우주다. 정신과 영혼도 몸이 없이는 불가능하다. 넓은 의미에서 몸은 물질이다. '나'를 고용한 '몸'은 60조의 세포로 이루어진 대형 지주회사이고, 온몸에 진드기와 거미, 이, 벼룩을 키우고 있는 동물원이며 온갖 곰팡이가 서식하는 식물원이다. 최소 100만 개를 넘는 내 몸의 털들은 0.05㎜의 표피를 뚫고 하루 평균 0.2㎜씩 자라고 매일 70개 이상의 머리카락이 목숨을 잃는다. 오늘의 '나'를 구성하는 원소 중 4분의 3은 1년 이내에 사라진다. 따라서 '나'는 매일 죽는다. 그리고 또 공동체를 통해 영원토록 살아남는다. '나'는 수천년 인류 역사의 산물일 뿐 아니라, 수억 년 지구 역사의 산물이기도 하다.[2] 똥은 몸의 구성 요소이면서, 몸에게 영양분을

---

1) 『후설과 메를로 퐁티 지각의 현상학』(이남인 지음, 한길사, 2013년) 178쪽.

공급하고 여러 생명체에게도 나머지의 영양분을 모두 공급한다.

   택시에 치여 병원에 입원했다. 관장약을 넣고 이십 분 기다리라고 했는데, 엄마 손바닥에 치자꽃이 피었다. 시어머니에게 관장약을 넣는데 엉덩이 사이에서 푸지지 애기똥풀이 멀겋게 피었다. 난 학교 다닐 때 화장실만 청소했어. 화장실 청소 잘한다고. 똥물을 만지는 내 아이의 말에서 별꽃이 노랗게 터졌다. 배에 열이 있는 이웃은 침대에 누워 개나리꽃을 흐드러지게 피웠다. 결혼을 며칠 앞두고 전신마비 된 친구는 치자꽃 애기똥풀 노랑별꽃 개나리를 애인 삼아 오늘도 호박꽃을 흐벅지게 피운다. 똥물을 피우며 숨 쉬고 있다. 똥물꽃을 피우며 소통하고 있다. 똥물을 뒤집어쓴다. 터지는 땀구멍이 짜릿하다. 똥물 똥물 똥물 똥물꽃이 피었다. 똥물 똥물 똥물이라고 함부로 말하지 않겠다.
                                                                                   -「똥물꽃」 전문

   똥구멍이 막히면 여러 조치를 취해야 한다. 관장약을 엉덩이 사이에 넣어야 한다. 똥이 손가락이나 침대에 묻기도 한다. 똥을 잘 누는 일은 굉장히 중요하다. 비뇨기관이나 배설기관이 막히거나 너무 느슨하면 꽉 막히거나 지린다. 마치 변기가 막히거나 수도관이 터져서 누수 현상이 일어나는 것처럼. 똥구멍과 오줌구멍이 고장나면 가장 수치스럽고 치욕적이다. 모멸감이 들기까지 한다. 죽음을 앞둔 사람은

---

2) 『내 몸의 신비 : 세상에서 가장 큰 기적』(앙드레 지오르당 지음, 이규식 옮김, 동문선, 2002년) 15~22쪽.

몸의 구멍이 말을 듣지 않는다. 숨구멍, 땀구멍, 오줌구멍, 똥구멍, 입구멍이 모두 말을 듣지 않는다. 수축과 팽창 기능이 현저히 저하가 되어 몸이 제 기능을 하지 못한다. 시적화자는 시어머니가 싸지른 똥물을 보면서 개나리꽃, 치자꽃, 애기똥풀꽃, 노랑별꽃, 호박꽃을 떠올린다. 똥을 싼 것이 아니라 똥구멍으로 노란 꽃을 피운 것이다. 똥은 곧 꽃이다. 그리하여 똥물이라고 부리지 않고 신성한 똥물꽃이라고 부른다. 인간은 똥을 피우는 존재다. 즉, 배설 기관은 자신의 역할을 수행하면서도 다른 생명체와 서로 영향을 주고받으며 생명 활동을 유지한다.

  눈 속에 핀 민들레를 보는데 석 달 열흘 동안 물똥 쏟다 돌아가신 엄마 얼굴이 겹쳐집니다. 그때도 아무것도 할 수 없었는데 시간이 자란 지금도 할 수 없어 날마다 민들레 보러 나갑니다. 나가는 골목골목 얼어터진 개도토리를 줍는 할매의 굽은 손을 만나고, 개망초 밑둥에서 개똥쑥 뜯는 아저씨의 헐렁한 숨소리를 만나고, 길고양이 오가는 모퉁이에 파르라니 죽은 쪽제비를 만나다 보면, 큰 솥에 겨울을 푹 고와 밥술을 얹어주던 엄마를 따라갑니다. 따라가며 개도토리를 주위 보태주고 모퉁이에 사료를 갖다 놓습니다. 수은주가 깔딱깔딱하는 혹한에 민들레 보며 당신의 손을 배웁니다.
                                                                              -「겨울일기·3」 전문

한겨울 흰눈 속에 핀 민들레를 보면서 똥물꽃을 피우다가 돌아가신 어머니를 떠올린다. 거기서 끝나지 않는다. 노란 달걀꽃을 피우는 개망초를 떠올린다. 노란 길고양이를 떠올린다. 노란 족제비를 떠올린다. 노란 개도토리를 떠올린다. 시골 풍경 속에서 모두 겹쳐지는 노란 동식물들이다. 그들은 서로 유기적으로 연결되어 있는 존재들이다. 여기서도 최서연 시인의 시작법과 사유 체계에 해당하는 유기체적 세계관이 선명하게 드러나고 있음을 볼 수 있다.

늙음과의 교감에 대하여

늙어서 쓴 시들은 어떨까? 젊은 시인들의 시에 보이는 상상력의 저돌성과 격렬성, 치열함과 언어 실험의 돌파력을 노경 문학에서는 찾기 어려울 수도 있다. 그런 면에서 '젊음이 빠진 시'라고 볼 수도 있다.

국어사전을 보면 '늙다'는 동사이고, '젊다'는 형용사다. 반의어이지만 품사가 다르다. 지금도 우리는 늙어가는 중이다. 안녕! 늙음아! 너는 동사로구나. 늙음아! 한때는 너도 젊었었지?

누구나 늙는다. 늙어서도 꽤 오랫동안 살아야 하고, 살아내야만 한다. 늙어서도 사지를 움직일 수 있다면 끝까지 살아야 하고 살아내야만 한다. 쉽지 않은 일이다.

순천시 소례동 이수로 321에 7층 병원건물이 있다.
바둑판이 물결처럼 굽이쳐 보이는 5층 안과를 간다.

몇몇은 TV를 보거나 번호 전광판에 눈을 걸어놓고 있다.
눈알에 주사를 맞고 엉거주춤 내려오다가 궁금해진다.
손톱까지 밀려온 물결이 또 3층 피부과로 들어간다.
윤기 흐르는 열서너 명이 앉아 핸드폰에 얼굴을 묻고 있다.
모호하게 두고 보자는 머리 열두 개 달린 처방전을 받아든다.
지금은 두 개의 풍경을 지나지만 더이상은 안 만났으면 싶다.
어쭙잖은 잇몸을 질근 동여맨다.

─「풍경·1−5층과 3층」 전문

늙음은 병원과 친해지는 일이다. 병원을 제집처럼 들락이는 일이다. 안과에 갔다가 피부과도 들리는 일이다. 주사를 맞고, 처방을 받고, 처방전을 받아드는 일이다. 잇몸도 아프다. 치과에도 들려야 할까? 안 아픈 곳이 없다. 노년의 풍경은 1층부터 7층까지 모두 병원인 병원 건물의 층층을 순례하는 일이다.

집에서 나갔다가 집으로 돌아오듯.
나에게서 나갔다가 나에게로 돌아옵니다.

─「여행·2」 전문

나는 이 시를 여로시旅路詩, 나그네시로 읽지 않았다. 늙음의 시로 읽었다. 치매의 시로 읽었다. 늙음은 자기 자신을 망각하기도 한다. 기억력을 상실하기도 한다. 내가 누구인지, 가족이 누구인지, 여기가 어디인지 까먹는 일이기도 하다. 나를 읽어버리는 일, 내가 살고 있는 장소를 잃어버리는 일이 늙음의 또 다른 모습이다.

병원을 순례하면서도 늙음을 늙음답게 살아야 한다. '고독은 중요하고 어떤 사람들에게는 숨 쉬는 청량한 공기'이기도 하지만 대부분의 노인에게는 그렇지 않다. 외로움은 관계망이 사라지는 것, 정서적으로 친밀한 파트너가 없는 것, 얘기할 상대가 없는 것이다. 사회적 연결이 부족하고, 혼자 사는 것이다. 그래서 외로움이 만성적으로 쌓이면 위생 및 개인 관리를 소홀히 하게 되고, 씻지 않게 되고, 몸에서 더러운 냄새가 나게 되고, 아픔과 고통이 찾아오고, 부정적인 생각과 비관주의가 눈에 띄게 증가하게 된다. 스트레스 호르몬인 코티솔 수치가 높아지면서 치매 발병 위험이 높아진다. 청력에도 문제가 생겨 의사소통이 불가능해진다. 10 데시벨이 감소하면 사회적 고립의 위험이 53%나 더 높아진다. 때때로 노인들은 청력 문제에 대해 의사나 다른 간병인과 이야기하는 것조차 꺼리게 된다. 생애의 말기로 갈수록 더욱 외로워진다. 누구라도 말년에 도달하면 어떤 형태로든 치매나 생애 말기 질병을 달고 살 가능성이 높다. '더 젊게 노년을 살자.'는 말이 소용없어지는 때가 온다.

20살 먹은 망고가 치매가 왔다. 돌면 돌수록 침침한 고요를 빙글빙글 돈다. 어둑한 달무리 같은 고요를 들여다보니 내 부모 내 남편 내 자식보다 더 함께 밥을 먹고, 더 눈을 마주치고, 더 많은 말을 하고, 더 많이 품었다.

이해라는 또 다른 이름으로 망고와 나는 어떠한 간격이 없다. '우리'라는 통속적인 갈변의 물컹거림이라든가 그 밥에 그 나물이란 그 흔한 지루함도 없다.

  나를 담고 있는 망고의 눈은 웅, 이고 망고를 담고 있는 나의 눈도 웅, 이다. 하늘과 땅이 맞닿은 웅, 을 한 호흡으로 들이쉬고 내쉬며 느리게 자라는 참말. 행복이란 말도 처음으로 했다.

  망고는 나의 배꼽을 나보다 더 잘 알고 있다. 달무리를 돌고 도는 고요의 중심이 천지 분간 똥밭이든, 복숭아꽃 피는 도원이든, 내게로 온 민들레 길을 나도 하얀 회문시詩 빙글빙글 굴리며 온전히 간다.

  달 속 같은 내 자궁은 웅을 품은 망고를 잉태한다. 시詩가 된 망고가 웅웅웅 짓는다.

—「나와 망고」 전문

치매에 걸린 망고는 반려견 이름이다. 개의 나이가 20살이면 사람으로 치면 120살에 해당한다. 초고령이다. 애별이고愛別離苦를 앞두었다. 생로병사가 어찌 사람에게만 있으랴. 애별이고와 생노병사를 거듭하면서 사람과 짐승과 식물이 함께 서로 얽혀서 함께 돌고 돈다. 애완견 망고는 노견이다. 아마도 지금은 죽고 없을 것 같다. 망고는 치매를 앓았다. 사람과 반려견은 생노병사와 만남과 이별이 서로 얽혀 있다. 사람과 동식물의 '사라짐', '스러짐'을 목도한 그녀는 타고난 불인인지심不忍人之心과 측은지심으로 망고와 함께했던 지난날을 회고한다. 남편이나 자식보다 소중한 식구였다. 눈빛으로 서로 '웅'이라는 가장 아름다운 순응과 긍정의 마음을 교환했다. 인간과 동물의 한없는 교감 능력! 숭고하고 따뜻한 시편이다. 망고는 죽어서 시가 되었다. 망고는 '응'이라는 삶과 죽음을 배웅하고 마중하는 소리를 짓는다.

> 저 꽃밭을 나는 벌과 나비는
> 내게는 오지 않을 거야.
> 나는 향이 나지 않으니까
> 이다음에 부처꽃으로 태어나
> 저들과 함께하리.
>
> —「나는 향이 나지 않으니까」 전문

 시적화자는 늙었다. 몸에서 젊은 향기가 다 사라졌다. 그래서 벌과 나비가 날아오지 않는다고 말한다. 그러나 거기서 실망하지 않는다. 이 다음에 부처꽃으로 태어나 저들과 함께해야겠다고 다짐한다. 부처꽃을 7~8월에 선분홍색으로 피는 꽃이다. 부처님께 바치는 꽃이기도 하다. 고혹적이고 선정적인 꽃이 아니라 고매한 꽃이다. 헌화의 꽃이다. 헌화의 꽃으로 환생하겠노라고 다짐한다.

 누구나 젊었던 적은 있어도 늙은 적은 없다. 늙음은 과거의 일이 아니라 경험의 마지막이기 때문이다. 어떤 사람은 이 늙음의 단계에서 젊은이보다 더 밝게 빛을 낸다. 최근 일본에서는 실버(노인 세대) 센류가 유행하고 있다. 일본 노인들이 써낸 센류 시집이 일본과 우리나라 서점가를 강타했다. 노인들 일상을 담은 실버 시집을 실버세대 특유의 유머와 고뇌, 체념 등을 엿 볼 수 있다. 최서연의 시 「나는 향이 나지 않으니까」도 노인의 덤덤한 유머, 고뇌, 체념이 섞여 있다. 노경老境 문학의 진면목을 보여주는 시라고 볼 수 있다.

> 올가을 낙엽 떨어지듯
> 두 개의 모임이 해산되었다.
> 맛있게 만났던 것들이 몇 차례 꽃이 피고 지더니
> 지금은 부담스러운 짐이 되었다.
> 고락이 윤회한다는 옛말이 와 닿는다.
> 물들지 않는 잎이 어디 있으랴?
> 곱든, 칙칙하든, 떨어지면 모두 낙엽이다.
> 살다 보면 스스로 아는 일.
> 별일 아니다.
> 만상을 비추던 가을은 저만치서
> 저 홀로 고요하다.
> ―「별일 아니다·2」 전문

 늙는다는 것은 복잡한 인간관계를 정리하는 일이기도 하다. 얼마 전 친구로부터 '관태기(관계의 권태기)'라는 말을 들었다. 신조어라고 한다. 나이를 먹으면서 '인간관계'가 불편하고, 무섭고, 힘들고, 짜증이 나기도 한다. 사람은 사람에게 상처를 많이 준다. 인간관계에 치였다. 두렵기도 하다. 여러 모임도 자연스럽게 해체되거나, 차츰 거리를 두게 된다. .
 늙는다는 것은 외로워지는 것이다. 우리나라는 인맥이 곧 경쟁력으로 통하는 사회였다. 온갖 학연, 지연, 혈연, 심지어

우스갯소리로 흡연까지 인연을 강조하는 사회였다. 그러다가 차츰 나이가 들면 인간관계에 지친 사람들이 감정 낭비나 시간 소모를 하고 싶지 않고 싶은 것이며, 나름으로 자신을 사랑하는 방법을 실천하고자 한다. 모임은 부담스럽다. 그러면 해산하는 것이다. 그것은 마치 나무가 낙엽을 떨구는 것과 유사한 이치다. 훌훌 떨구면 되는 것이다. 별일 아니다. 낙엽을 다 떨구고 저만치서 저 홀로 고요한 나무처럼 그렇게 이제 홀로 고요히 만상을 비추는 모습으로 늙어가면 되는 것이다. 늙음은 이처럼 복잡한 모임을 정리하고 혼자 잘 늙어가는 문제이며, 철학의 문제이며, 자기관리의 문제가 되는 것이다.

연민과의 교감에 대하여

연민(憐憫)은 타인의 고통을 인식하고, 그 고통을 덜어주거나 없애고자 하는 마음이다. 연민은 동정이 아니다. 동정은 위에서 아래를 보는 시선이지만, 연민은 같은 눈높이에서 타자를 바라보는 마음이다. 무심한 듯 따뜻한 시선. 이는 마치 누군가의 일상을 조용히 응시하면서도, 그 안에서 숨어있는 고단함과 고독, 삶 무게를 포착하고 다독여주는 섬세한 카메라 렌즈처럼 느껴진다. 누군가의 등을 바라보는 순간, 그가 짊어진 하루를 상상해 본 적이 있는가? 연민은 감정의 사치가 아니라, 인간됨의 본능이다. "당신은 지금, 누구의 고단함을 외면하고 있지 않나요?"

그리고 이렇게 속삭이는 시편들이 연민의 시학을 품고 있는 시다.

> 이상한 벌레다.
> 먼지든 밥풀이든 입에 닿는 것이면 먹는다.
> 짠맛, 단맛, 맛은 알고나 먹는지
> 먹고 나면 죄지은 것처럼 웅크려있다.
> 퀴퀴한 잡내로 흘금거리지만
> 외줄을 타며 햇살과 바람을 먹는 벌레다.
> ―「걸레」 전문

 재밌는 시다. 걸레를 벌레로 표현했다. 걸레와 벌레는 발음도 비슷하다. 식욕이 왕성한 벌레. 사실 애벌레는 매우 식욕이 왕성하다고 알려져 있다. 애벌레는 나뭇잎이나 풀잎을 먹고, 또 먹고, 또 먹는다. 어떤 애벌레는 물경 자기 몸무게의 8만 6천 배의 잎새를 먹는단다. 몸 조직을 완전히 재구성하여 영양덩어리의 액체를 보호막으로 가린 번데기가 되기 위해, 인고의 시간을 거친 후 탈피를 하기 위해, 날개를 단 나비가 되기 위해 탐욕적인 대식가가 된단다. 변태의 과정은 엄청난 에너지가 필요하기 때문이다. 그런데 막상 나비가 된 후에는 이슬이나 꿀만 조금 먹는단다. 가급적 짝짓기에만 몰두하느라 안 먹고, 안 먹고, 안 먹기를 반복한단다. 대식가 애벌레가 금식주의자 나비가 되는 것이다. 걸레는 대식가인 벌레를 닮았단다. 바닥에 떨어진 먼지를 닦고, 밥풀을 닦으며 닥치는대로 다 먹어치운다. 퀴퀴한 잡내를 모두 먹어치운 후에 방구석에 죄지은 것처럼 움크리고 있는 모습에서 시적화자는 연민을 느낀다.

> 봉사활동 차 농아학교에 들르는 날 비가 내립니다.
> 대화 중에도 창밖으로 동글동글 동그랗게 내립니다.
>
> 한 아이가 도화지에 줄기차게 동그라미를 그립니다.
> 동그라미 속에 엄마 강아지 나무 풀꽃들이 있습니다.
>
> 이름 부를 수 있는 것들이 가득 담긴 동그라미입니다.
> 어떤 이름도 밖으로 튀어나오지 못하는 동그라미입니다.
>
> 입을 닮은 동그라미이고 말 같이 생긴 동그라미입니다.
> 동그라미마다 따스한 빗방울 촉촉하게 머금고 있습니다.
> ―「농아학교」 전문)

슬픈 장면인데 슬프지 않고 재밌는 시다. 슬픈 장면인데 덤덤하게 그려낸 시다. 슬픈 장면인데 따스한 시다. 연민은 삶의 고단함을 다독이는 마음이다. 이 작품에는 따스하게 다독이는 시적화자의 인식이 깔려 있다. 비가 내리는 날 봉사활동 차 들른 농아학교에서 한 아이가 도화지에 줄기차게 그리는 '동그라미'를 보고 '입을 닮은', '말 같이 생긴' 동그라미라고 한다. 말을 하고 싶었을 입을 그린 것으로 생각하는 것이다. '이름 부를 수 있는 것들이 가득 담긴' 활짝

벌린 동그라미 입술이지만, '어떤 이름도 밖으로 튀어나오지 못하는' 갇힌 동그라미의 아픔을 드러낸다. 연민의 시선이 없이는 결코 나올 수 없는 표현이다. 단순한 관찰만으로는 불가능한 표현이다. 상대방의 아픔을 따스하게 바라보고 다독여주는 연민의 시선으로만 만들어낼 수 있는 표현이다.

  10여 년 전 순천 국가정원에서 우리 부부는 우산 같은 부스에서 즉석사진을 두어 장 찍었다. 흰머리가 우산살처럼 펴진 2023년. 그동안 얼굴의 지도를 보자며 남편의 소매를 붙들고 다시 부스 속으로 들어간다. 남편은 자기는 영정사진이 있지만 아내인 내게는 없는 것이 걱정스럽다며, 카메라 눈으로 나를 돌돌 말아 밀어 넣는다. 영정사진이라고 하니 60년 박혀있던 눈과 입이 튀어나와 촛점을 잃는다. 무작정 손에 잡힌 토끼 머리띠를 이마 위로 올리고 엊그제 환갑 기념으로 동그랗고 봉긋하게 찍는다. 모과빛 달 속에 토끼 한 마리가 엉거주춤 앉아있다.
                                         —「사진 찍자 했더니」 전문

이것도 재밌는 시다. 평생 함께 살아온 남편과 순천 국가정원에 갔다. 즉석사진을 찍는다. 남편은 자기는 영정사진이 있지만 아내는 없는 것이 걱정스럽다며 꽃이 활짝 핀 꽃밭 정원에서 영정사진을 찍으라는 것이다. 소풍 나들이를 온 즐거운 장소에서 영정사진을 찍는다고? 농담이겠지? 부부지간에는 이런 농담도 따스하게 전달이 된다. 부부는 누구보다 평생 교감 능력을 키워왔기 때문에 농담도 위로가 되는 것이다. 아내는 영정사진을 찍는데 옆에 놓여있는 토끼 머리띠 액세서리로 이마에 올리고 환한 표정으로 영정사진을 찍는다. 몸치장을 귀엽고 예쁘게 하고 영정사진을 찍는다. 아주 귀엽고 깜찍한 소녀 같은 영정사진이 나왔을 것이다. 영정사진 맞나? 연민은 무심한 듯 따스한 시선이다. 연민은 슬픈 듯 슬픔을 덜어주는 마음이다. 연민은 재밌는 시선이다. 앞으로 최서연 시인이 이런 재미를 오밀조밀 능청스럽게 구사하는 시를 좀 더 깊이 추구했으면 좋겠다.